Transformación Personal

Cambiando tu comportamiento y tu actitud por tu relación con Dios y con los demás

Robert E. Logan
con Charles R. Ridley

Dimensiones del Discipulado de la Viña

Desarrollado en Asociación con

Multiply Vineyard

VINEYARD MISSIONS

Publicado por Logan Leadership

Visítenos en: **www.discipleshipdifference.com**
A menos de que se indique de manera distinta, todas las citas de la Escritura fueron tomadas de La Santa Biblia, Nueva Versión Internacional, copyright © 1999, 2011-2015 por Biblica®. Usado con permiso de Biblica®, 1820 Jet Stream Drive, CO Springs, 8092. Todos los derechos reservados.

Copyright © 2014 Robert E. Logan. Todos los derechos reservados.

ISBN: 978-1-944955-30-4

Impreso en los Estados Unidos de América

Reconocimiento

La habilidad de escritura excepcional de Tara Miller trae nuestros pensamientos e ideas a la vida. Por encima de otros, ella hace que este libro sea posible. Por muchos años, su colaboración creativa ha hecho posible el dar recursos escritos a la iglesia para que las personas puedan descubrir y vivir el propósito que Dios les ha dado.

Traducción al español por Cristina Di Stefano.

CONTENIDO

	Introducción	Página 1
	Creciendo en una transformación personal	Página 5
1ª Parte	Experimentando una transformación reconocible en tu vida	Página 8
2ª Parte	Cooperando con la sanidad de Dios en tu vida	Página 13
3ª Parte	Recibiendo oración y procesando el aporte de los demás	Página 19
4ª Parte	Viviendo prioridades nuevas y un comportamiento diferente	Página 24
5ª Parte	Ejerciendo el fruto del Espíritu cada vez más	Página 31
	¿Qué sigue?	Página 36

Dimensiones del Discipulado

Un discípulo de Jesús es un reflejo de Dios en el mundo. Cuando Jesús hablaba acerca del discipulado, se refería a una entrega total.

> *"Grandes multitudes seguían a Jesús, y él se volvió y les dijo: 'Si alguno viene a mí y no sacrifica el amor a su padre y a su madre, a su esposa y a sus hijos, a sus hermanos y a sus hermanas, y aun a su propia vida, no puede ser mi discípulo. Y el que no carga su cruz y me sigue, no puede ser mi discípulo. Supongamos que alguno de ustedes quiere construir una torre. ¿Acaso no se sienta primero a calcular el costo, para ver si tiene suficiente dinero para terminarla? Si echa los cimientos y no puede terminarla, todos los que la vean comenzarán a burlarse de él, y dirán: Este hombre ya no pudo terminar lo que comenzó a construir.'"*
>
> - *Lucas 14:25-30*

No tenemos que ser perfectos para ser discípulos de Jesús, pero sí tenemos que saber a qué nos estamos comprometiendo y estar dispuestos a someter todas las áreas de la vida a Dios. Mientras Jesús discipulaba a personas, Él esperaba que sus discípulos abordaran todos los aspectos de su vida, sus relaciones, y hasta la sociedad misma.

Un discípulo real necesita acoger y crecer en todas las dimensiones del discipulado. No podemos ser ¾ de un discípulo, escoger sólo lo que nos gusta, ya que cuando un discípulo está completamente entrenado se vuelve como su maestro: Jesús (Lucas 6:40). El discipulado verdadero es integral: no podemos estar contentos con sólo crecer en unas áreas, mientras que en otras estemos careciendo.

Ya que hemos considerado la naturaleza del discipulado, hemos creado un diagrama para representar las 8 dimensiones de un discípulo. Cuando Jesús se encarnó y vivió entre nosotros, estas son las maneras en las que lo vimos a Él vivir. Vea el diagrama y las categorías a continuación. Luego evalúe su propia vida. Permita también que otros hagan comentarios de su vida que le edificarán: nunca viajamos solos por el camino cuando permitimos a Dios trabajar en nuestras vidas.

Preámbulo de la Viña

Dios nos ha llamado – y sigue llamándonos – a un modelo bíblico del discipulado. El discipulado es un fundamento absoluto del movimiento de la Viña. Significa seguir a Jesús con todo nuestro ser.

La progresión de ser cada vez más como Jesús – viviendo, amando, sirviendo, ayudando a otros a ser seguidores de Jesús – es nuestra responsabilidad al igual que nuestra identidad como personas.

Vivimos nuestro discipulado en nuestras palabras, en nuestras acciones, en la presencia de la comunidad, tanto con los que creen, como con los que no.

Como discípulos en el camino a ser más como Jesús, anhelamos la venida del reino en toda su plenitud, el gobierno y reinado de Dios. Vivimos en el "ya", y vivimos en el "todavía no". En la comunidad, en la Escritura, en la formación espiritual, en la dinámica de la obra de Dios entre nosotros, podemos ver destellos y tener probadas del reino que está por venir.

Por lo tanto, acogemos el proceso continuo de ser discípulos, que hacen discípulos, que hacen más discípulos. Así como la levadura se mezcla en toda la masa, el evangelio se reproduce por toda la Tierra. El resultado son discípulos haciendo más discípulos que hacen más discípulos, y luego reuniéndose en comunidades del reino llamadas iglesias.

El discipulado no es algo que podremos terminar en esta vida. Continuamos creciendo en el conocer, en el ser y en el hacer. Progresamos de una experiencia del Espíritu Santo, a fe en Jesús, a reconciliación con el Padre. Somos bautizados, nos convertimos en pescadores de hombres, obedecemos y enseñamos a otros a obedecer. Somos transformados y estamos transformando. Nos movemos hacia un compromiso de todo corazón a Dios y su reino. El proceso del discipulado es de vida a vida, de cara a cara, y de mano a mano. Junto con otros, somos invitados a unirnos a Jesús en el camino continuo de la fe.

Creciendo en una transformación personal

Esta guía es una de las ocho guías de discipulado de la serie "Dimensiones del Discipulado de la Viña." Lo importante no es la guía con la cual comiences. Empieza leyendo donde tú quieras, y continúa hacia donde Dios te dirija. Cuando vivimos en un ritmo y fluir dinámico de una vida misional, necesitamos escuchar la dirección del Espíritu Santo. Estas ocho guías están organizadas según el diagrama que se muestra a continuación; examínalo para ver cómo encajan juntas cada una de las piezas.

La transformación personal es cambiar tus actitudes y conductas de manera positiva como resultado de tu relación con Dios y con los demás. El cambio interno y el cambio externo pueden suceder en conjunto; cada uno afecta al otro.

No se amolden al mundo actual, sino sean transformados mediante la renovación de su mente. Así podrán comprobar cuál es la voluntad de Dios, buena, agradable y perfecta. –Romanos 12:2

¿Estamos realmente cambiando? ¿Cómo se ve el cambio profundo? ¿Cómo sabemos si lo estamos experimentando? ¿Podemos detectar la diferencia entre un cambio profundo y solamente imitar las conductas y vocabulario de otros? La guía de transformación personal está diseñada para ayudarnos a tratar preguntas como estas. El siguiente trayecto de cinco partes cubre estas cinco expresiones esenciales de transformación personal:

- Experimentando una transformación reconocible en tu vida
- Cooperando con la sanidad de Dios en tu vida
- Recibiendo oración y procesando el aporte de los demás
- Viviendo prioridades nuevas y un comportamiento diferente
- Ejerciendo el fruto del Espíritu cada vez más

> "El cristiano no piensa que Dios nos amará porque somos buenos sino que Dios nos hará buenos porque Él nos ama."
> - C. S. Lewis

Reúnete con un grupo de tres o cuatro para hablar de cada una de estas expresiones. Hazle a cada uno las siguientes preguntas. Espera, y pon atención a las respuestas que surgen del corazón. Anímense, desafíense y afírmense uno al otro. Vayan a su propio paso: pueden estudiar una guía a la semana, o una guía cada mes. Sigan cualquier ritmo que funcione mejor para ustedes. Asegúrense de dejar tiempo suficiente para comenzar a vivir cada una de estas conductas.

1ª Parte:

Experimentando una transformación reconocible en tu vida

Pregunta clave: *¿Cómo has experimentado una transformación en tu vida? ¿Cómo sigues experimentando la transformación en tu vida?*

Cuando comenzamos a seguir a Jesús somos cambiados. Lo viejo se ha ido; lo nuevo ha llegado. Somos una creación nueva. Esa transformación sucede "todo a la misma vez" y en un patrón de crecimiento continuo. Algo sucede al momento de creer, que nos cambia a un nivel más profundo. Aún así, seguimos en el proceso de cambio: tanto transformados, como transformándonos.

Necesitamos experimentar este cambio, tanto intelectualmente, como en nuestra experiencia. Necesitamos reflexionar acerca de los cambios que hemos visto y los cambios que necesitamos seguir viendo. Necesitamos no sólo ser oidores, sino hacedores de la Palabra. Cuando escuchamos la Escritura, debemos reflexionar en ella. Cuando hagamos el ministerio, debemos considerar cómo va, y lo que podríamos hacer diferente. Cuando experimentamos a Dios, debemos considerar cómo eso nos puede cambiar y ayudar a madurar.

¿De qué manera podemos participar activamente con Dios al reflexionar acerca de nuestra transformación? Podemos reflexionar en silencio y en oración, prestando atención a la voz de Dios, estando abiertos a la dirección de su Espíritu.

Podemos platicar de ello y orar junto con otros en el cuerpo de Cristo, pidiendo su aporte y su perspectiva. Podemos trabajar con un asesor (coach), mentor o director espiritual quien nos haga preguntas que nos ayuden a discernir el área en la que Dios puede estar obrando en nuestras vidas. Participar en este caminar con otras personas puede ser un excelente primer paso hacia una reflexión más profunda.

> "Ama toda la creación de Dios, en conjunto y cada grano de arena en ella. Ama cada hoja, cada rayo de la luz de Dios. Ama los animales, ama las plantas, ama todo. Si amas todo, percibirás el misterio divino en las cosas. Una vez que lo percibas, comenzarás a comprenderlo mejor cada día. Llegarás al final a amar al mundo entero con un amor que lo abraza todo." – Fyodor Dostoyevsky

Esta semana lee y reflexiona diariamente en la Escritura presentada a continuación. Comienza un fluir natural de oración conversacional con el Espíritu Santo al meditar en las Escrituras, invitándolo a que Él se revele. Luego reúnete con los que estás compartiendo esta trayectoria, e interactúen con las preguntas del discipulado.

Colosenses 3:1-7

Ya que han resucitado con Cristo, busquen las cosas de arriba, donde está Cristo sentado a la derecha de Dios. [2] Concentren su atención en las cosas de arriba, no en las de la tierra, [3] pues ustedes han muerto y su vida está escondida con Cristo en Dios. [4] Cuando Cristo, que es la vida de ustedes, se manifieste, entonces también ustedes serán manifestados con él en gloria.

5 Por tanto, hagan morir todo lo que es propio de la naturaleza terrenal: inmoralidad sexual, impureza, bajas pasiones, malos deseos y avaricia, la cual es idolatría. 6 Por estas cosas viene el castigo de Dios. 7 Ustedes las practicaron en otro tiempo, cuando vivían en ellas.

Santiago 1:22-25

No se contenten sólo con escuchar la palabra, pues así se engañan ustedes mismos. Llévenla a la práctica. 23 El que escucha la palabra pero no la pone en práctica es como el que se mira el rostro en un espejo 24 y, después de mirarse, se va y se olvida en seguida de cómo es. 25 Pero quien se fija atentamente en la ley perfecta que da libertad, y persevera en ella, no olvidando lo que ha oído sino haciéndolo, recibirá bendición al practicarla.

Lucas 18:9-14

A algunos que, confiando en sí mismos, se creían justos y que despreciaban a los demás, Jesús les contó esta parábola: 10 «Dos hombres subieron al templo a orar; uno era fariseo, y el otro, recaudador de impuestos. 11 El fariseo se puso a orar consigo mismo: "Oh Dios, te doy gracias porque no soy como otros hombres —ladrones, malhechores, adúlteros— ni mucho menos como ese recaudador de impuestos. 12 Ayuno dos veces a la semana y doy la décima parte de todo lo que recibo." 13 En cambio, el recaudador de impuestos, que se había quedado a cierta distancia, ni siquiera se atrevía a alzar la vista al cielo, sino que se golpeaba el pecho y decía: "¡Oh Dios, ten compasión de mí, que soy pecador!"

¹⁴ »Les digo que éste, y no aquél, volvió a su casa justificado ante Dios. Pues todo el que a sí mismo se enaltece será humillado, y el que se humilla será enaltecido.»

_____

Preguntas para la discusión:

- o ¿En qué área he experimentado una transformación?

- o ¿En qué área veo la necesidad de una transformación?

- o ¿Cómo estás reflexionando en tu transformación?

- o ¿Cuál es tu impresión de la historia del cobrador de impuestos y el fariseo?

- ¿Qué estorba para que vivas una transformación continua en tu vida? ¿Qué pasos puedes tomar para superar esa barrera?

Pasos de acción:

- Tomando en cuenta esto, ¿qué te está pidiendo Dios a ti?

- ¿Cómo lo llevarás a cabo?

- ¿Cuándo lo harás?

- ¿Quién te ayudará?

2ª Parte:

Cooperando con la sanidad de Dios en tu vida

Pregunta clave: *¿Cómo estás cooperando con la sanidad de Dios en tu vida?*

Dios desea hacer una obra de sanidad en tu vida. No es como si algunas personas necesitan sanidad, y otras no la necesitan. Todos necesitamos sanidad en distintas formas, ya sea físicamente, emocionalmente, relacionalmente, espiritualmente o algún otro tipo de sanidad. Vivimos en un mundo fracturado y somos personas fracturadas. Tenemos necesidad de la sanidad de Dios, sin tener nada que ofrecerle de vuelta.

Parte de la sanidad es abrazar nuestra identidad en Cristo. Si estamos en Cristo, esto hará que algunas cosas sean verdaderas de nosotros, las sintamos o no. (Por ejemplo, ver la lista de Escrituras de Neil Anderson en el libro *Rompiendo las cadenas*, las cuales son ciertas de nosotros al convertirnos.) Necesitamos adueñarnos y vivirlas para experimentar la plenitud de la sanidad que Dios tiene para nosotros.

Aún así, con sanidad viene el riesgo. Necesitamos dar un paso hacia delante y estar *dispuestos* a ser sanados. No todo el que necesita sanidad está dispuesto a ser sanado. Reconocer que uno necesita sanidad, y estar abierto al Espíritu de Dios para que haga su obra, toma bastante valor y confianza en él. No es fácil, y no es un acto pasivo.

> Y llegó el día en el que el riesgo que tomaba permanecer apretado en el capullo fue más doloroso que el riesgo que tomaba florecer. – Anias Nin

Necesitamos estar de pie ante Dios con manos vacías, y permitirle hacer su obra sanadora en nuestras vidas. Eso puede significar que necesitamos perdonar, soltar, quedarnos, aceptar. No sabemos lo que Dios nos pueda pedir cuando nos ponemos en sus manos. Lo que sí sabemos, es que Él desea que nosotros seamos lo mejor de nosotros mismos, reflexionemos en Él, seamos sanados y estemos completos.

> **Diario**
>
> ¿En qué maneras necesitas sanidad? Medita en las áreas quebradas de tu vida y considera cómo se vería ser sanado en esa área. ¿Qué necesitas soltar para que Dios sane esa área en tu vida?

Esta semana lee y reflexiona diariamente en la Escritura presentada a continuación. Comienza un fluir natural de oración conversacional con el Espíritu Santo al meditar en las Escrituras, invitándolo a que Él se revele. Luego reúnete con los que estás compartiendo esta trayectoria, e interactúen con las preguntas del discipulado.

Juan 5:1-9

Algún tiempo después, se celebraba una fiesta de los judíos, y subió Jesús a Jerusalén. ² Había allí, junto a la puerta de las Ovejas, un estanque rodeado de cinco pórticos, cuyo nombre en arameo es Betzatá. ³ En esos pórticos se hallaban tendidos muchos enfermos, ciegos, cojos y paralíticos. ⁵ Entre ellos se encontraba un hombre inválido que llevaba enfermo treinta y ocho años. ⁶ Cuando Jesús lo vio allí, tirado en el suelo, y se enteró de que ya tenía mucho tiempo de estar así, le preguntó:

—¿Quieres quedar sano?

⁷ —Señor —respondió—, no tengo a nadie que me meta en el estanque mientras se agita el agua, y cuando trato de hacerlo, otro se mete antes.

⁸ —Levántate, recoge tu camilla y anda —le contestó Jesús.

⁹ Al instante aquel hombre quedó sano, así que tomó su camilla y echó a andar. Pero ese día era sábado.

Mateo 4:23-24

Jesús recorría toda Galilea, enseñando en las sinagogas, anunciando las buenas nuevas del reino, y sanando toda enfermedad y dolencia entre la gente. ²⁴ Su fama se extendió por toda Siria, y le llevaban todos los que padecían de diversas enfermedades, los que sufrían de dolores graves, los endemoniados, los epilépticos y los paralíticos, y él los sanaba.

Mateo 9:10-13

Mientras Jesús estaba comiendo en casa de Mateo, muchos recaudadores de impuestos y pecadores llegaron y comieron con él y sus discípulos. ¹¹ Cuando los fariseos vieron esto, les preguntaron a sus discípulos:

—¿Por qué come su maestro con recaudadores de impuestos y con pecadores?

¹² Al oír esto, Jesús les contestó:

—No son los sanos los que necesitan médico sino los enfermos. ¹³ Pero vayan y aprendan lo que significa: "Lo que pido de ustedes es misericordia y no sacrificios." Porque no he venido a llamar a justos sino a pecadores.

Santiago 5:16

Por eso, confiésense unos a otros sus pecados, y oren unos por otros, para que sean sanados. La oración del justo es poderosa y eficaz.

1 Pedro 2:24-25

Él mismo, en su cuerpo, llevó al madero nuestros pecados, para que muramos al pecado y vivamos para la justicia. Por sus heridas ustedes han sido sanados. ²⁵ Antes eran ustedes como ovejas descarriadas, pero ahora han vuelto al Pastor que cuida de sus vidas.

> "Solo las personas que son capaces de amar con fuerza pueden también sufrir gran tristeza, pero esta misma necesidad de amar sirve para contrarrestar su dolor y los sana." – Teo Tolstoy

Preguntas para la discusión:

- ¿Qué áreas de tu vida necesitan sanidad?

- ¿Estás dispuesto a ser sanado?

- ¿Qué requerirá esa sanidad de ti?

- ¿Qué temores tienes en cuanto a ser sanado?

- ¿Cómo te puede usar Dios si tu cooperas con su obra sanadora en tu vida?

Pasos de acción:

- Tomando en cuenta esto, ¿qué te está pidiendo Dios a ti?

- ¿Cómo lo llevarás a cabo?

- ¿Cuándo lo harás?

- ¿Quién te ayudará?

3ª Parte:

Recibiendo oración y procesando el aporte de los demás

Pregunta clave: *¿Cómo estás recibiendo oración y aporte de los demás?*

¿Cómo sabemos si estamos haciendo las cosas bien? En ciertas áreas como las matemáticas, hay claramente una respuesta correcta y varias respuestas incorrectas. En otras áreas, como la espiritualidad, las relaciones y la transformación personal, esto no queda tan claro. Hay distintas perspectivas que debemos tomar en consideración y distintas metas en las que podemos, o no, estar de acuerdo. Sería grandioso si pudiéramos tener dentro de nosotros algo que nos ayudara a determinar cómo vamos, pero así no funciona. Como en muchas otras cosas, Dios implementó esta área orgánicamente de tal manera para que nos necesitemos uno al otro.

> "Las computadoras son increíbles, porque cuando estás trabajando con ellas recibes resultados inmediatos que te avisan si tu programa funciona. Es retroalimentación que no obtienes de muchas otras cosas." – Bill Gates

Necesitamos orar con otras personas, y uno por el otro. Necesitamos recibir esa oración con un corazón abierto. Necesitamos encontrar maneras en las que nos abramos a comentarios constructivos de los demás. A veces la gente, tanto dentro, como fuera de la iglesia, dirán comentarios sin que nosotros lo pidamos. En esos casos, necesitamos evaluar este aporte para ver si es constructivo y de ayuda. Si lo es, debemos reflexionar en lo que oímos, y encontrar maneras en las que lo incorporemos en nuestras vidas. Si no, podemos desecharlo.

Aún así, la mayoría del tiempo, la gente no te dirá algún comentario que no hayas pedido. Necesitamos pedir estos comentarios. A menudo podemos encontrar que, simplemente al pedirle a gente de confianza que están en la posición para decir un comentario, aportarán algo útil. Igualmente con la oración, podemos pedir oración de las personas en las cuales confiamos.

Esta semana lee y reflexiona diariamente en la Escritura presentada a continuación. Comienza un fluir natural de oración conversacional con el Espíritu Santo al meditar en las Escrituras, invitándolo a que Él se revele. Luego reúnete con los que estás compartiendo esta trayectoria, e interactúen con las preguntas del discipulado.

Eclesiastés 4:9-13

Más valen dos que uno,
  porque obtienen más fruto de su esfuerzo.
10 Si caen, el uno levanta al otro.
  ¡Ay del que cae
  y no tiene quien lo levante!
11 Si dos se acuestan juntos,
  entrarán en calor;
  uno solo ¿cómo va a calentarse?
12 Uno solo puede ser vencido,
  pero dos pueden resistir.

¡La cuerda de tres hilos
   no se rompe fácilmente!

13 Más vale joven pobre pero sabio
   que rey viejo pero necio,
   que ya no sabe recibir consejos.

Gálatas 2:11-14

Pues bien, cuando Pedro fue a Antioquía, le eché en cara su comportamiento condenable. 12 Antes que llegaran algunos de parte de Jacobo, Pedro solía comer con los gentiles. Pero cuando aquéllos llegaron, comenzó a retraerse y a separarse de los gentiles por temor a los partidarios de la circuncisión. 13 Entonces los demás judíos se unieron a Pedro en su hipocresía, y hasta el mismo Bernabé se dejó arrastrar por esa conducta hipócrita.

14 Cuando vi que no actuaban rectamente, como corresponde a la integridad del evangelio, le dije a Pedro delante de todos: «Si tú, que eres judío, vives como si no lo fueras, ¿por qué obligas a los gentiles a practicar el judaísmo?

Preguntas para la discusión:

- ¿Quién está orando por ti?

- ¿A quién le puedes pedir que ore por ti?

- ¿Quién te ha dado retroalimentación no solicitada, pero constructiva y de ayuda para tu vida? ¿Qué hiciste con esa retroalimentación?

- ¿A quién le has pedido retroalimentación últimamente?

- ¿Quién podría estar en una buena posición para dártela?

- ¿Cómo puedes discernir a diferencia entre retroalimentación constructiva y destructiva?

- ¿En qué área se te hace difícil pedir y recibir retroalimentación? ¿Qué pasos puedes tomar para tratar esas barreras en tu vida?

Pasos de acción:

- Tomando en cuenta esto, ¿qué te está pidiendo Dios a ti?

- ¿Cómo lo llevarás a cabo?

- ¿Cuándo lo harás?

- ¿Quién te ayudará?

4ª Parte:

Viviendo prioridades nuevas y un comportamiento diferente

Pregunta clave: *¿Cómo estás viviendo prioridades nuevas y una conducta cambiada?*

El punto final del evangelio no es que nosotros pensemos diferente o hagamos cosas diferentes... es ayudarnos a *ser* diferentes. A través de su presencia, Dios nos forma más y más en la persona única e irrepetible que estábamos destinados a ser. Somos transformados por nuestro encuentro con Dios, y esa transformación se muestra en nuevas prioridades y nuevas acciones. Vivimos el cambio que Dios ha obrado en nosotros.

> "Los cuentos de hadas to tratan de convencer a los niños que los dragones existen. Los niños ya saben que los dragones existen. Los cuentos de hadas le dicen a los niños, que los dragones se pueden matar." – G. K. Chesterton

Esta semana lee y reflexiona diariamente en la Escritura presentada a continuación. Comienza un fluir natural de oración conversacional con el Espíritu Santo al meditar en las Escrituras, invitándolo a que Él se revele. Luego reúnete con los que estás compartiendo esta trayectoria, e interactúen con las preguntas del discipulado.

Hechos 9:1-22

Mientras tanto, Saulo, respirando aún amenazas de muerte contra los discípulos del Señor, se presentó al sumo sacerdote ²y le pidió cartas de extradición para las sinagogas de Damasco. Tenía la intención de encontrar y llevarse presos a Jerusalén a todos los que pertenecieran al Camino, fueran hombres o mujeres. ³ En el viaje sucedió que, al acercarse a Damasco, una luz del cielo relampagueó de repente a su alrededor. ⁴ Él cayó al suelo y oyó una voz que le decía:

—Saulo, Saulo, ¿por qué me persigues?

⁵ —¿Quién eres, Señor? —preguntó.

—Yo soy Jesús, a quien tú persigues —le contestó la voz—. ⁶ Levántate y entra en la ciudad, que allí se te dirá lo que tienes que hacer.

⁷ Los hombres que viajaban con Saulo se detuvieron atónitos, porque oían la voz pero no veían a nadie. ⁸ Saulo se levantó del suelo, pero cuando abrió los ojos no podía ver, así que lo tomaron de la mano y lo llevaron a Damasco. ⁹ Estuvo ciego tres días, sin comer ni beber nada.

¹⁰ Había en Damasco un discípulo llamado Ananías, a quien el Señor llamó en una visión.

—¡Ananías!

—Aquí estoy, Señor.

11 —Anda, ve a la casa de Judas, en la calle llamada Derecha, y pregunta por un tal Saulo de Tarso. Está orando, 12 y ha visto en una visión a un hombre llamado Ananías, que entra y pone las manos sobre él para que recobre la vista.

13 Entonces Ananías respondió:

—Señor, he oído hablar mucho de ese hombre y de todo el mal que ha causado a tus santos en Jerusalén. 14 Y ahora lo tenemos aquí, autorizado por los jefes de los sacerdotes, para llevarse presos a todos los que invocan tu nombre.

15 —¡Ve! —insistió el Señor—, porque ese hombre es mi instrumento escogido para dar a conocer mi nombre tanto a las naciones y a sus reyes como al pueblo de Israel. 16 Yo le mostraré cuánto tendrá que padecer por mi nombre.

17 Ananías se fue y, cuando llegó a la casa, le impuso las manos a Saulo y le dijo: «Hermano Saulo, el Señor Jesús, que se te apareció en el camino, me ha enviado para que recobres la vista y seas lleno del Espíritu Santo.» 18 Al instante cayó de los ojos de Saulo algo como escamas, y recobró la vista. Se levantó y fue bautizado; 19 y habiendo comido, recobró las fuerzas.

Saulo pasó varios días con los discípulos que estaban en Damasco, 20 y en seguida se dedicó a predicar en las sinagogas, afirmando que Jesús es el Hijo de Dios. 21 Todos los que le oían se quedaban asombrados, y preguntaban: «¿No es éste el que en Jerusalén perseguía a muerte a los que invocan ese nombre? ¿Y no ha venido aquí para llevárselos presos y entregarlos a los jefes de los sacerdotes?» 22 Pero Saulo cobraba cada vez más fuerza y confundía a los judíos que vivían en Damasco, demostrándoles que Jesús es el Mesías.

Marcos 5:1-20

Cruzaron el lago hasta llegar a la región de los gerasenos. 2 Tan pronto como desembarcó Jesús, un hombre poseído por un espíritu maligno le salió al encuentro de entre los sepulcros. 3 Este hombre vivía en los sepulcros, y ya nadie podía sujetarlo, ni siquiera con cadenas. 4 Muchas veces lo habían atado con cadenas y grilletes, pero él los destrozaba, y nadie tenía fuerza para dominarlo. 5 Noche y día andaba por los sepulcros y por las colinas, gritando y golpeándose con piedras.

6 Cuando vio a Jesús desde lejos, corrió y se postró delante de él.

7 —¿Por qué te entrometes, Jesús, Hijo del Dios Altísimo? —gritó con fuerza—. ¡Te ruego por Dios que no me atormentes!

8 Es que Jesús le había dicho: «¡Sal de este hombre, espíritu maligno!»

9 —¿Cómo te llamas? —le preguntó Jesús.

—Me llamo Legión —respondió—, porque somos muchos.

10 Y con insistencia le suplicaba a Jesús que no los expulsara de aquella región.

11 Como en una colina estaba paciendo una manada de muchos cerdos, los demonios le rogaron a Jesús:

¹² —Mándanos a los cerdos; déjanos entrar en ellos.

¹³ Así que él les dio permiso. Cuando los espíritus malignos salieron del hombre, entraron en los cerdos, que eran unos dos mil, y la manada se precipitó al lago por el despeñadero y allí se ahogó.

¹⁴ Los que cuidaban los cerdos salieron huyendo y dieron la noticia en el pueblo y por los campos, y la gente fue a ver lo que había pasado. ¹⁵ Llegaron adonde estaba Jesús, y cuando vieron al que había estado poseído por la legión de demonios, sentado, vestido y en su sano juicio, tuvieron miedo. ¹⁶ Los que habían presenciado estos hechos le contaron a la gente lo que había sucedido con el endemoniado y con los cerdos.
¹⁷ Entonces la gente comenzó a suplicarle a Jesús que se fuera de la región.

¹⁸ Mientras subía Jesús a la barca, el que había estado endemoniado le rogaba que le permitiera acompañarlo. ¹⁹ Jesús no se lo permitió, sino que le dijo:

—Vete a tu casa, a los de tu familia, y diles todo lo que el Señor ha hecho por ti y cómo te ha tenido compasión.

²⁰ Así que el hombre se fue y se puso a proclamar en Decápolis lo mucho que Jesús había hecho por él. Y toda la gente se quedó asombrada.

Preguntas para la discusión:

- Platica acerca de un tiempo en tu vida en el cual tuviste éxito en cambiar una conducta o un hábito. ¿Qué te ayudó a hacer este cambio?

- ¿Qué te motiva?

- ¿Cuándo has tenido un encuentro verdadero con Dios? ¿Cómo te cambió?

- ¿Cómo te gustaría que los demás te describieran? ¿Qué necesita cambiar en tu vida para que esta sea una descripción verdadera de ti?

Ejercicio: Haz una lista de lo que ves como tus prioridades nuevas, y escribe cada una en una hojita auto-adherible por separado. Haz una lista de cada cosa en la que gastas tu

> tiempo, y escríbelas también cada una en una hojita auto-adherible por separado. Ahora pega estas notitas en dos columnas sobre la pared o algún pizarrón o tablero. ¿Cómo se alinea lo que escribiste en ambas columnas? ¿En qué ves una conexión? ¿Qué necesitas hacer para que tu tiempo refleje tus prioridades? ¿Qué necesitas dejar de hacer?

> "Soy un lápiz pequeño en la mano de un Dios que escribe, y quien le está mandando una carta de amor al mundo."
> – Madre Teresa

Pasos de acción:

- Tomando en cuenta esto, ¿qué te está pidiendo Dios a ti?

- ¿Cómo lo llevarás a cabo?

- ¿Cuándo lo harás?

- ¿Quién te ayudará?

5ª Parte:

Ejerciendo el fruto del Espíritu cada vez más

Pregunta clave: *¿Cómo estás creciendo en el fruto del Espíritu?*

Al ser transformados, debemos ver evidencia del fruto del Espíritu incrementando en nuestras vidas. ¿En qué área de nuestra vida vemos amor? ¿gozo? ¿paz? ¿Qué acciones nuestras podemos señalar que demuestran paciencia? ¿Amabilidad? ¿Bondad? ¿Qué evidencia muestra fidelidad? ¿Gentileza? ¿Dominio propio? Entre más veamos instancias especificas de estas cualidades en nuestras vidas, más sabremos que el Espíritu realmente está haciendo su obra de transformación en nuestras vidas… porque estas cualidades son el resultado de esa obra.

Christian Schwarz, en su libro *The 3 Colors of Love* ("Los tres colores del amor"), argumenta que sólo hay un fruto del Espíritu – el amor – junto con 8 adjetivos que lo describen: gozo, paz, paciencia, amabilidad, bondad, fidelidad, gentileza y dominio propio. Cuando compares 1 Corintios 13 y Gálatas 5, verás que hay una gran correlación. Ya sea que veas el fruto del Espíritu como 9 frutos, o como 1 solo, el asunto es que necesitamos crecer. Necesitamos asesorar dónde estamos, y cómo profundizar nuestro carácter. El estancamiento no es una opción viable.

> "La paciencia es esperar. No esperar pasivamente, porque eso es flojera. Sino seguir adelante cuando el camino se vuelve difícil y lento—esa es paciencia." - Anónimo

Esta semana lee y reflexiona diariamente en la Escritura presentada a continuación. Comienza un fluir natural de oración conversacional con el Espíritu Santo al meditar en las Escrituras, invitándolo a que Él se revele. Luego reúnete con los que estás compartiendo esta trayectoria, e interactúen con las preguntas del discipulado.

Gálatas 5:13-26

Les hablo así, hermanos, porque ustedes han sido llamados a ser libres; pero no se valgan de esa libertad para dar rienda suelta a sus pasiones. Más bien sírvanse unos a otros con amor. [14] En efecto, toda la ley se resume en un solo mandamiento: «Ama a tu prójimo como a ti mismo.» [15] Pero si siguen mordiéndose y devorándose, tengan cuidado, no sea que acaben por destruirse unos a otros.

[16] Así que les digo: Vivan por el Espíritu, y no seguirán los deseos de la naturaleza pecaminosa. [17] Porque ésta desea lo que es contrario al Espíritu, y el Espíritu desea lo que es contrario a ella. Los dos se oponen entre sí, de modo que ustedes no pueden hacer lo que quieren. [18] Pero si los guía el Espíritu, no están bajo la ley.

[19] Las obras de la naturaleza pecaminosa se conocen bien: inmoralidad sexual, impureza y libertinaje; [20] idolatría y brujería; odio, discordia, celos, arrebatos de ira, rivalidades,

disensiones, sectarismos [21] y envidia; borracheras, orgías, y otras cosas parecidas. Les advierto ahora, como antes lo hice, que los que practican tales cosas no heredarán el reino de Dios.

[22] En cambio, el fruto del Espíritu es amor, alegría, paz, paciencia, amabilidad, bondad, fidelidad, [23] humildad y dominio propio. No hay ley que condene estas cosas. [24] Los que son de Cristo Jesús han crucificado la naturaleza pecaminosa, con sus pasiones y deseos. [25] Si el Espíritu nos da vida, andemos guiados por el Espíritu. [26] No dejemos que la vanidad nos lleve a irritarnos y a envidiarnos unos a otros.

I Corintios 13:4-7

El amor es paciente, es bondadoso. El amor no es envidioso ni jactancioso ni orgulloso. [5] No se comporta con rudeza, no es egoísta, no se enoja fácilmente, no guarda rencor. [6] El amor no se deleita en la maldad sino que se regocija con la verdad.
[7] Todo lo disculpa, todo lo cree, todo lo espera, todo lo soporta.

Preguntas para la discusión:

- Si alguien invisible fuera a seguirte por una semana, observando tu conducta, ¿qué cualidades usarían para describirte?

- ¿Qué cualidades de tu carácter consideras como fortalezas? ¿Qué cualidades de tu carácter consideras como debilidades?

- ¿Cómo has tratado de mejorar tus debilidades?

- ¿Qué piensas acerca de la interpretación que tiene Christian Schwarz acerca del fruto del Espíritu (descrita anteriormente)? ¿Cómo te puede ayudar esta perspectiva en tu propio crecimiento?

- ¿Qué práctica te puede ayudar a vivir el fruto del Espíritu en incremento?

Diario del fruto del Espíritu

Dedica una página de tu diario a cada uno de los nueve frutos del Espíritu. Debajo de cada uno, escribe todos los ejemplos que puedas de momentos en los que experimentaste cada una de estas cualidades... ya sea al demostrarlas tú mismo, o al recibirlas de los demás.

Pasos de acción:

- ¿Tomando en cuenta esto, ¿qué te está pidiendo Dios a ti?

- ¿Cómo lo llevarás a cabo?

- ¿Cuándo lo harás?

- ¿Quién te ayudará?

¿Qué sigue?

Así que has terminado esta guía. ¿Ahora qué? Existe alguna otra dimensión del discipulado en la que debes enfocarte? Si es así, ¿en cuál?

Ya que las guías de "Dimensiones del Discipulado de la Viña" no fueron hechas para ser usadas en algún orden en particular, te toca a ti escuchar la voz del Espíritu Santo. Mira más allá, y decide a dónde te está dirigiendo Dios después. Al seguir un sistema integral, siempre habrá una sorpresa. No importa la guía que escojas después, estarás participando en un proceso de acción y reflexión al vivir una vida encarnada y misional.

Tal vez lo que sigue no es otra guía de "Dimensiones del Discipulado de la Viña." A continuación leerás otras opciones como alternativa:

- Puedes continuar con una serie similar, como por ejemplo, las guías tituladas "The Journey Together Now" ("El camino juntos ahora"). Puedes leer más acerca de estas guías, y descargarlas en: www.journeytogethernow.com.

- Si tienes un amigo o mentor con el cual has estado leyendo estas guías, o si te gustaría comenzar a discipular a alguien más, puedes comenzar una relación de entrenamiento en línea en: www.mycoachlog.com -- esta es una herramienta que te puede ayudar a mantenerte enfocado, reflexionando acerca de lo que Dios está haciendo, y celebrando el progreso.

- Puedes estar listo para participar en una relación más formal como entrenador de alguien que te puede desafiar a ti al siguiente nivel de una vida misional y liderazgo. Visita: www.loganleadership.com para informarte acerca de cómo ser un asesor ("coaching").

Sin importar lo que siga en tu vida, continúa creciendo siguiendo a Jesús en esta trayectoria de discipulado.

Made in the USA
Columbia, SC
09 November 2022